Cómo eliminar y reducir las cader[
para ella

Lia Zanoli

CÓMO ELIMINAR LA BARRIGA Y REDUCIR LAS CADERAS EN 3 SEMANAS

PARA ELLA

gimnasia - alimentación - training autógeno

EDITORIAL DE VECCHI

La autora desea manifestar su agradecimiento a Francesca Pini por su colaboración en la realización del trabajo fotográfico.

Fotografías del interior de Matteo Martinelli.

© Editorial De Vecchi, S. A. U. 2005
Balmes, 114. 08008 BARCELONA
Depósito Legal: B. 18.317-2005
ISBN: 84-315-1963-0

Prólogo

El libro que está a punto de leer consiste esencialmente en un programa articulado en tres niveles acompañados de precisas reglas dietéticas y motrices.

Dicho programa, si es seguido con constancia y corrección por su parte, le llevará en el breve período de tres semanas a una mejora segura y perceptible de sus condiciones psicofísicas y devolverá a su cuerpo una línea que había perdido hace tiempo.

Este libro, a diferencia de los demás textos sobre el tema, pretende introducir un nuevo método definido como «progresivo» para reducir el exceso de peso que le preocupa.

En lugar de comenzar con dietas muy rigurosas, que hacen perder rápidamente pocos kilos en algunos días pero crean las bases psicológicas para gratificantes y peligrosos «aflojamientos», y ejercicios específicos para el abdomen, insoportables para un físico pesado y falto de entrenamiento, se aplicará un método opuesto, es decir, un comienzo «suave»: por lo que se refiere a la dieta, no existirán privaciones particulares (existen incluso dos posibilidades en el primer nivel, pero deben ponerse en práctica rigurosamente en los días indicados, en que puede alimentarse a voluntad, sin límites, salvo los que usted ponga), y por lo que se refiere a la gimnasia los ejercicios propuestos prepararán gradualmente el físico para afrontar los ejercicios específicos para el abdomen, a fin de reconquistar la armonía de las formas.

Terminado el primer nivel, de una semana de duración, con el físico y la mente ya predispuestos y entrenados para algunas pequeñas renuncias, se pone en marcha el segundo nivel, más duro para usted pero mucho más beneficioso, al final del cual podrá verificar sus progresos.

Pasados los 15 primeros días, que definiremos como de «entrenamiento», depende sólo de su fuerza afrontar el nivel que le llevará a alcanzar los máximos resultados.

Al final de la tercera semana, debe realizar una sincera valoración de los resultados obtenidos y, en función de estos, puede decidir conscientemente regresar al nivel anterior o permanecer en el actual durante una o dos semanas, hasta el logro de los objetivos que se ha propuesto.

Sólo cuando haya alcanzado la condición psicofísica deseada, podrá regresar al primer nivel, que deberá considerarse el nivel de mantenimiento.

Y ahora buena lectura y buen trabajo.

Causas y consecuencias del sobrepeso y la obesidad

Definición

Se ha comprobado que el sobrepeso y la obesidad son dos condiciones negativas que afectan a un elevado porcentaje de personas.

En España se calcula que aproximadamente el 32 % de la población sufre de sobrepeso y el 7 %, casi una de cada diez personas, es obesa.

Por persona con sobrepeso se entiende quien supera el peso ideal hasta el 25 %; es obeso quien excede dicho límite.

La obesidad es mucho más que un problema; es una enfermedad con características no bien codificadas pero sin duda crónica y, si no se cuida, destinada a desarrollarse y complicarse llevando a la muerte, en los casos más graves. Representa uno de los principales problemas médicos y sociales de la vida moderna.

Causas y efectos

En general, salvo que existan causas endocrinas, poco frecuentes (enfermedades de las glándulas internas: diabetes melitus, hipotiroidismo, hipogonadismo, síndrome de Cushing), la obesidad es siempre consecuencia de una **aportación calórica** superior al **consumo energético**.

Según los principios de la termodinámica, la energía introducida en nuestro organismo con los alimentos y no consumida con la actividad física **debe** reservarse y, por desgracia para los seres humanos, la grasa es la forma de almacenamiento energético.

Pasando por alto las condiciones patológicas que afectan a un mínimo porcentaje de casos y que requieren profundas valoraciones y oportunas terapias médicas, consideramos que el sobrepeso y la obesidad simple del adulto están caracterizados únicamente por la hipertrofia (aumento de volumen) de los adipocitos o células adiposas.

Desgraciadamente, el exceso de peso no patológico es causa de muchas enfermedades, con el riesgo de complicaciones que pueden afectar a todo nuestro organismo:

— hipertensión;
— insuficiencia cardíaca;
— insuficiencia respiratoria;
— insuficiencia venosa;
— tromboflebitis;
— calculosis de la vesícula biliar;
— graves alteraciones hepáticas: de la esteatosis (acumulación de grasa en el hígado) a la cirrosis;
— hiperuricemia o gota;
— hernias discales;
— alteraciones osteoartríticas en la columna lumbar o en las articulaciones de la rodilla;
— dermatitis;
— esterilidad y frigidez;
— complicaciones durante el parto.

Todas estas temibles patologías son aún más frecuentes en las obesas, sin olvidar que la mortalidad aumenta con el incremento del exceso de peso.
¿Cuáles son las causas de una excesiva alimentación?
La respuesta no es sencilla.

Las causas pueden ser múltiples y ninguna de ellas es la única verdadera y segura culpable.

1. Ante todo existe una **correlación genética**: hijos de obesos o de personas con sobrepeso fácilmente llegan a serlo; no existe, en cambio, esta relación entre los hijos adoptivos de los mismos, aunque tengan idénticos hábitos de vida.

2. Desde diferentes opiniones se invocan causas **afectivas, psicológicas** y **emotivas**.

3. El exceso de peso durante la **infancia** es, por desgracia, la causa más peligrosa porque no sólo se produce un aumento de volumen de los adipocitos sino también un aumento del número total de los mismos: quien padece o ha padecido sobrepeso durante la infancia tiene muchas probabilidades de tenerlo también de adulto.
La causa principal es frecuentemente una hiperalimentación impuesta y relacionada con una errónea convicción familiar, típica de las clases menos favorecidas, de que el niño gordo está sano.

4. La **actividad física** y, por tanto, el **consumo energético** son siempre menores en el individuo con exceso de peso.

5. El **embarazo** frecuentemente lleva a un enorme aumento de peso que, por desgracia, en muchos casos después del parto sólo será eliminado en una mínima parte.

6. **Factores socioculturales**: almuerzos y cenas de negocios comportan inevitablemente la introducción de una mayor cantidad de calorías en nuestro organismo.

7. La excesiva **mecanización** de la vida moderna (coches, trenes, metros, ascensores, escaleras mecánicas...) ha reducido el consumo de energía en los desplazamientos.

Todo lo anteriormente señalado contribuye de distinto modo a crear

exceso de peso

y un sobrepeso, aunque sea mínimo, no es un exceso de bienestar sino el comienzo de un malestar; por lo tanto,

la grasa es mala.

Peso ideal

Fórmula y tabla de la que obtener el peso ideal

El peso ideal femenino constituye una entidad estadística universalmente reconocida, establecida por las tablas publicadas por la M.L.I.C. (Metropolitan Life Insurance Company) de Estados Unidos.
También puede obtenerse fácilmente recurriendo a la fórmula de Lorenz.

$$(A - 100) - \frac{A - 150}{2}$$

donde A representa la estatura del individuo expresada en centímetros.

Por ejemplo: una mujer de 160 cm de estatura tendrá un peso ideal de:

$$(160 - 100) - \frac{160 - 150}{2} =$$

$$= 60 - 5 = 55 \text{ kg}$$

Para este valor se contemplan variaciones de un 10 % menos para las longilíneas y de un 10 % más para las brevilíneas.
El peso ideal puede obtenerse, con una notable aproximación, de forma aún más sencilla basándose en la tabla reproducida en la página siguiente.

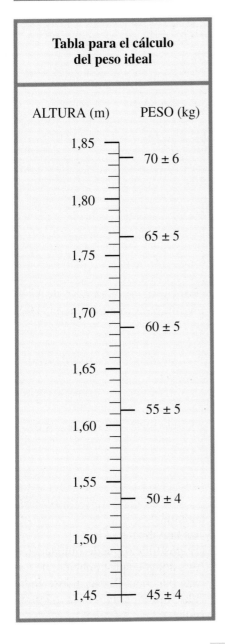

Tabla para el cálculo del peso ideal

ALTURA (m)	PESO (kg)
1,85	70 ± 6
1,80	
1,75	65 ± 5
1,70	60 ± 5
1,65	
1,60	55 ± 5
1,55	50 ± 4
1,50	
1,45	45 ± 4

Alimentación y necesidades energéticas

Los alimentos, como consecuencia de los procesos digestivos gastrointestinales, se escinden en compuestos más simples que proporcionan a nuestro cuerpo: grasas o lípidos, azúcares o glúcidos, proteínas, vitaminas, minerales y agua, utilizados por nuestro organismo con fines energéticos, plásticos (es decir, de construcción) o de regulación.

Todos los alimentos, salvo el agua, poseen un poder calórico específico y la necesidad de calorías de nuestro organismo varía según la actividad laboral desarrollada.

La energía necesaria para las distintas actividades depende de varios factores:

— **constitución física**: mayor en los longilíneos, menor en los brevilíneos;
— **energía muscular desarrollada** (tipo de trabajo realizado y habilidad en el trabajo);
— **masa y temperatura corporal;**
— **metabolismo basal**: suma de las ininterrumpidas actividades de las funciones vitales: latido cardíaco, respiración, peristalsis...;
— **edad**: mayor en los jóvenes, menor en los ancianos;
— **sexo**: mayor en los hombres, menor en las mujeres;
— **temperatura ambiental y condiciones climáticas.**

Aquí es donde intervienen de forma integrada la dieta y la actividad física dirigida, que permiten, cuando se aplican correctamente y con constancia, perder el exceso de peso y mantener el peso ideal alcanzado.

Dieta y exceso de peso

Cuando por las causas ya expuestas una mujer comienza, primero de forma aparentemente imperceptible y luego cada vez más visiblemente, a aumentar de peso, es el momento de intervenir consciente y drásticamente con una restricción en la dieta y un aumento del consumo energético global, mediante ejercicios específicos.

En efecto, es indispensable evitar que el organismo caiga presa del progresivo e irrefrenable exceso ponderal que, sin un férreo control, lleva a la obesidad, con todas sus temibles consecuencias.

Necesidades calóricas medias en el adulto en relación con la edad y la actividad física

Las necesidades energéticas (expresadas en kilocalorías) en el individuo adulto, exento de patologías específicas, vienen dadas siempre por la suma de múltiples factores que condicionan el consumo, a lo largo del día, de cierto número de kilocalorías, relacionado con la actividad física, psíquica y fisiológica, así como con el trabajo realizado.

No existe un consumo estándar ya que en cada individuo interactúan múltiples factores (comportamentales, endocrinos, experiencia alcanzada en el trabajo realizado, constitucionales, etc.) que modifican el consumo energético de dos personas aparentemente idénticas.

No obstante, es posible, con variaciones mínimas, calcular con una considerable aproximación ($\pm$ 3 %) el consumo energético estándar de individuos con buena salud, expresando por tanto unas necesidades calóricas relacionadas con la edad, el tipo de trabajo, el sexo y la estructura física.

Estas necesidades estándar deben relacionarse, en cualquier caso, con las condiciones ambientales de vida: es evidente que existe un aumento de necesidades calóricas para una persona que realiza una tarea determinada a $-10\,°C$ respecto a quien realiza la misma a $18\,°C$ de temperatura ambiental.

Visualicemos, por tanto, en la siguiente tabla las necesidades energéticas expresadas en kilocalorías (kcal) con datos orientativos, modificables porcentualmente según lo expuesto.

Tabla para definir las propias necesidades energéticas		
EDAD años	ACTIVIDAD FÍSICA L = ligera M = media P = pesada	KILOCALORÍAS según conformación física mujeres ± 3 %
14	L M	2100 2200
16	L M	2000 2100
18	L M P	2050 2100 2300
24	L M P	2100 2150 2400
32	L M P	2100 2150 2350
40	L M P	2050 2100 2300
44	L M P	2050 2100 2300
50	L M P	2000 2050 2150
55	L M P	1800 1900 2000
60	L M	1700 1850

Cómo calcular los pesos y las cantidades de los alimentos

En cuanto a las cantidades de los alimentos que contribuyen a formar las dietas, se recomienda seguir con suma precisión las medidas expresadas en gramos (g) o centímetros cúbicos (cc) relativas a cada caso.

Dada la dificultad objetiva de medir 3 o 5 g de azúcar, aceite y queso rallado, se recuerda que una cucharada sopera corresponde a unos 5 g y una cucharadita de postre a unos 3 g.

Es no obstante conveniente, para poder seguir correctamente las dietas, que se disponga de una balanza, a fin de pesar exactamente la cantidad de los alimentos.

Método

Cómo plantear el trabajo diario

Cada uno de ustedes puede plantear el trabajo cotidiano según sus necesidades específicas, pero para obtener un resultado sin duda positivo es indispensable respetar la tabla preestablecida:

1. **Desayuno** (véase dieta diaria).
2. *Training* **autógeno.**
3. **Ejercicios diarios del nivel de pertenencia:**
   a) 3 o 4 ejercicios específicos para el abdomen.
   b) 1 ejercicio miorrelajante.
4. **Almuerzo** (véase dieta diaria).
5. **Cena** (véase dieta diaria).

En cuanto al *training* autógeno, para el cual se requiere una particular participación emotiva, psíquica y ambiental, es evidente que puede ponerse en práctica en el momento en que se encuentre en las condiciones óptimas para obtener el máximo resultado; lo ideal sería al despertarse por la mañana, pero puede efectuarlo a lo largo del día, cuando lo considere preferible y más idóneo, o cuando sienta la necesidad de hacerlo.

Cómo hacer que rinda el trabajo

Para obtener de los ejercicios el máximo resultado son indispensables:

1. **La ejecución exacta del ejercicio.**
2. **La regularidad en el trabajo.**

El lenguaje utilizado en el texto es sumamente sencillo. Hemos querido evitar la terminología propia de la

educación psicofísica, porque podría resultar poco comprensible para los «profanos».
De todos modos, en caso necesario consulte el «glosario».

Sugerencias importantes

Preste mucha atención a la correcta ejecución de los ejercicios, a la posición de partida, a la respiración y al grupo de músculos que está ejercitando.
Antes de iniciar un ejercicio, léalo en su totalidad.
Acabada la ejecución del ejercicio y de las repeticiones, antes de comenzar el siguiente, relájese al menos 8 segundos, inspirando y espirando a fondo.
Vístase de forma cómoda y adecuada, con zapatillas de gimnasia bajas o, en caso de que se sienta más a gusto, trabaje descalzo.
Es muy importante la utilización de la música. Escoja una música muy lenta y ritmada; en efecto, un ritmo de ejecución lento es sumamente eficaz y no estresante.
Para realizar sus ejercicios son suficientes un espacio de al menos 2 m², bien ventilado, una alfombra blanda de 2 × 1 m y un casete.
Es conveniente dejar pasar al menos un par de horas desde una comida completa, antes de iniciar el trabajo físico.

ATENCIÓN

Durante los primeros dos días de actividad motriz es posible que, a causa de la falta de entrenamiento, advierta dolores musculares difusos; siga trabajando porque estos desaparecerán ya a partir del tercer día. Sin embargo, si surgiese un dolor localizado en un punto preciso de su cuerpo, acuda de inmediato a un médico.

Training autógeno

Un método para alcanzar el equilibrio interior

Si quieres hacer feliz a una mujer debes decirle que está delgada; vientre liso y omóplatos prominentes son las metas ambicionadas en esta sociedad donde la «tripita», las caderas redondeadas y un seno abundante no se consideran ya *sexys* sino sólo odiosos «rollitos de grasa».

Esta meta, según parece, no es fácil de alcanzar y las estadísticas lo demuestran: una de cada cuatro mujeres está constantemente a dieta y los gimnasios están repletos de jóvenes y señoras, que durante brevísimos períodos se someten a magullantes ejercicios a los que su físico y su psique no pueden hacer frente; la mayoría de las veces estos períodos coinciden con el primer mes de inscripción en el curso (al final de las vacaciones estivales, durante las cuales se han propuesto conseguir un cuerpo perfecto para el año siguiente), el primer mes del año (para eliminar almuerzos y cenas navideños) y el mes de mayo (para preparar el físico para el biquini).

Desde luego, no es esta la forma de afrontar el problema; sólo con una adecuada y sistemática preparación psicofísica los resultados serán evidentes y satisfactorios.

El trabajo físico y las dietas a las que se someterá deben tener una base muy sólida en la que apoyarse, y es la preparación mental la que le llevará a la motivación de lo que va a afrontar, ayudándole a superar incluso los probables momentos críticos, durante los cuales se preguntará el porqué de tantos sacrificios. Su fuerza de voluntad no debe ser vencida por la falta de respuestas.

El *training* autógeno es un método que centra la atención en usted, liberándole de angustias, complejos, temores e inseguridades; es un proceso que dará a su vida la orientación deseada, llevándole al autoconocimiento y por tanto a una potenciación de la ayuda que podrá obtener de usted misma.

El objetivo fundamental es conseguir la calma interior, a la que llegará con la concentración.

Sólo entonces podrá prestar atención a sus sensaciones corporales, con la finalidad de alcanzar también una relajación física.

En ese momento será posible establecer una relación con usted misma, que le permita aprovechar al máximo sus posibilidades y formular propósitos encaminados a realizar sus deseos.

Cómo y cuándo realizar el *training* autógeno

Para poder superar con serenidad y determinación todos los momentos de la jornada es muy importante crear, desde primera hora de la mañana, las condiciones psicofísicas óptimas.

Así pues, en cuanto se despierte, prepárese mental y físicamente para autorrelajarse.

Se sobreentiende que el *training* autógeno puede practicarse en cualquier momento en que lo necesite: para relajarse, para vencer ansiedades y angustias, para infundirse seguridad y para distraer su mente del súbito deseo de alimento que parece vencerle.

La metodología utilizada para alcanzar la relajación será siempre la misma; variará en cambio la fase de preparación en función del lugar y del momento en que se encuentre.

Training en posición supina (fase preparatoria)

El *training* en posición supina puede efectuarse en cualquier momento de la jornada pero en un lugar donde sea posible relajase.

Para alcanzar con mayor facilidad la autorrelajación puede utilizar piezas musicales que deben ser de su gusto, muy relajantes y con un ritmo constante (por ejemplo piezas clásicas de L. Van Beethoven como: *Para Elisa*, *Adagio* o bien *Al claro de luna*, o música moderna pero sólo instrumental, con las cuales podrá preparar una cinta a su gusto).

El volumen debe estar casi al mínimo y la música resultará apenas audible.

Tiéndase supina en una cama, en

una habitación silenciosa y poco iluminada; su indumentaria debe ser cómoda; tápese con una manta ligera o una sábana, ya que durante la relajación podría experimentar una sensación de frío.

Apoye la cabeza en una almohada delgada, abandone los brazos a lo largo de los costados, con la palma de las manos apoyada en el colchón. Las piernas deben estar estiradas de forma natural, con los pies ligeramente hacia fuera y los talones rozándose.

Conecte el casete con la cinta preparada por usted.

Training en posición sentada (fase preparatoria)

El *training* en posición sentada puede practicarse en cualquier lugar; las primeras veces será indispensable evitar elementos perturbadores: voces, ruidos y llamadas telefónicas.

Sólo cuando la actitud de concentración haya sido bien asimilada, ya nada podrá molestarle. Siéntese en una silla o un taburete con las piernas ligeramente separadas, los pies apoyados en el suelo, las manos sobre las rodillas, los hombros relajados y la cabeza inclinada hacia delante.

Fase de ejecución

• Realice 6 profundas y lentas inspiraciones y espiraciones a través de la nariz.

• Cierre los ojos; su respiración ahora es lenta y regular.

• Escuche la música... Nada le puede molestar, su atención está concentrada en su respiración tranquila y en la música. No oye nada más.

• Se siente tranquila... perfectamente tranquila.

• Está tranquila... Escuche su corazón, que late rítmicamente.

• Concéntrese en su brazo derecho y perciba su peso... El brazo se nota muy pesado.

• Usted está tranquila; su respiración es regular y su brazo derecho está pesado y relajado.

• Ahora concéntrese en su brazo izquierdo... Sienta su peso... Nota el brazo muy pesado.

• Usted está tranquila; su respiración es regular y siente su brazo izquierdo pesado y relajado.

• Concéntrese en su pierna derecha... Perciba su peso... Su pierna está muy pesada.

• Usted está tranquila; su respiración es regular y su pierna derecha se nota pesada y relajada.

• Note el peso de la pierna izquierda... Su pierna está muy pesada... Pesada y relajada.   .

• Concéntrese en el abdomen; su respiración lo eleva y baja completamente relajado.

• Relaje todos los pequeños músculos del rostro (la boca se abre).

Está tranquila, pesada, relajada

Está lista para afrontar la jornada con la serenidad de quien se siente segura de sí misma y vencedora, de quien sabe que todos los problemas pueden resolverse si se afrontan con determinación. Tiene una ilimitada fuerza dentro de usted que ahora podrá aprovechar al máximo.

PRIMER NIVEL

Dietas, ejercicios, alternativas a las dietas

En los ejemplos cotidianos de dieta, junto a cada plato aparece uno de los siguientes símbolos: ✚ ■ ❑ ● ○ ◆ ▲ ★
Recurriendo a las tablas de las alternativas en la página 52 es posible sustituir en el desayuno, el almuerzo o la cena los alimentos que no sean de nuestro agrado, escogiendo otros marcados con el mismo símbolo.
No obstante, se recomienda no utilizar, a lo largo de la semana, la misma sustitución más de dos veces.

DIETA DIARIA DEL PRIMER NIVEL (1770 kcal)	
Proteínas (prótidos)	63 g
Grasas (lípidos)	46 g
Azúcares (glúcidos)	268 g
Vitaminas y minerales equilibrados	

LUNES   DIETA

DESAYUNO			
	●	Yogur desnatado	125 cc
	○	Miel	5 g
	❑	Galletas	25 g
		Café o té	a voluntad

ALMUERZO			
	✚	Filete de vaca	100 g
	▲	Lechuga	250 g
		Aceite de oliva	5 g
	❑	Pan integral	40 g
	◆	Pomelo	1
		Agua mineral sin gas, sal, vinagre	l.s.

CENA			
	✚	Potaje de verdura	250 g
	■	Queso mozzarella	80 g
	▲	Tomates	250 g
	❑	Crackers	20 g
	◆	Albaricoques	2
	★	Cerveza	150 cc
		Agua mineral sin gas, sal, vinagre	l.s.

LUNES   EJERCICIOS

La posición de partida (PP) se refiere a los 3 ejercicios siguientes.

PP Rodillas en el suelo, unidas, pelvis alta, busto y cabeza erguidos, brazos estirados hacia fuera a la altura de los hombros, palma de las manos hacia abajo.

Ejercicio núm. 1

Inspirar.

Tiempos:

1 Bajar la pelvis y sentarse a la derecha de las piernas. Llevar los brazos bien estirados hacia delante. Espirar.

2 Volver a la PP; pelvis alta, cabeza y espalda en línea. Espirar.

3 Sentarse a la izquierda. Espirar.

4 Volver a la PP. Inspirar.

Repetir el ejercicio 12 veces; relajarse durante 8 tiempos sentado con los talones en posición relajada.

Ejercicio núm. 2

Inspirar.

Tiempos:

1 Bajar la pelvis y sentarse sobre los talones, con las manos y la cabeza en las rodillas. Espirar.

2 Volver a la PP, con pelvis y cabeza altas, brazos estirados hacia fuera. Inspirar.

Repetir el ejercicio 12 veces; relajarse durante 8 tiempos sentado sobre los talones en posición relajada.

Ejercicio núm. 3

Inspirar.

Tiempos:

1 Llevar los brazos estirados hacia delante y muy lentamente inclinar lo más posible el busto hacia atrás manteniendo en la misma línea cabeza-espalda-piernas. Apnea (suspensión de la respiración).

2 Muy lentamente volver a la PP. Espirar.

Repetir el ejercicio 12 veces; relajarse durante 8 tiempos sentado sobre los talones en posición relajada.

MARTES   DIETA

DESAYUNO			
	●	Zumo de naranja	200 cc
	○	Azúcar	5 g
	❑	Galletas	25 g
		Café o té a voluntad + azúcar	5 g

ALMUERZO			
	✚	Lacitos (pasta)	50 g
		Mantequilla cruda	5 g
		Tomates	15 g
		Queso parmesano	5 g
	■	Pollo a la plancha	130 g
	▲	Patatas al horno	200 g
	❑	Crackers	25 g
	◆	Papaya	1/2
	★	Vino blanco	80 cc
		Agua mineral sin gas, sal, vinagre	l.s.

CENA			
	✚	Potaje de verdura	250 g
	■	Lomo embuchado	50 g
	▲	Escarola	200 g
		Aceite de oliva	5 g
	◆	Manzana	1
		Agua mineral sin gas, sal, vinagre, limón	l.s.

MARTES   EJERCICIOS

La posición de partida se refiere a los 2 ejercicios siguientes.

PP Sentada en el suelo, con manos en las rodillas recogidas en el pecho, cabeza baja, pies apoyados en el suelo.

Ejercicio núm. 1

Curvando bien la espalda, balancearse sobre el dorso (rodar dejándose caer hacia atrás) y, contrayendo los abdominales, volver de inmediato a la PP.

Inspirar antes de iniciar el balanceo y espirar durante la fase terminal.

Repetir el ejercicio 8 veces; al octavo movimiento abrazar las rodillas y relajarse durante 8 tiempos.

Ejercicio núm. 2

Tiempos:

1 Estirar las piernas y tenderse supina con los brazos a lo largo de los costados. Inspirar.

2 Regresar a la PP, sin ayudarse con las manos, doblando las piernas, levantando el busto y abrazándose las rodillas. Espirar.

Repetir el ejercicio 12 veces; abrazar las rodillas y relajarse durante 8 tiempos.

Ejercicio núm. 3

PP A gatas, rodillas juntas, brazos paralelos, pelvis y cabeza altas, espalda recta.

Inspirar.

Tiempos:

1...7 Levantar la pierna izquierda bien estirada y hacerla oscilar 7 veces hacia arriba. Espirar.

8 Cambiar de pierna e inspirar.

9...15 Realizar el mismo ejercicio con la derecha. Espirar.

16 Volver a la PP. Inspirar.

Repetir el ejercicio 12 veces; abrazar las rodillas y relajarse durante 8 tiempos.

MIÉRCOLES · DIETA

DESAYUNO	●	Huevo pasado por agua	1
	❏	Bastoncillos (colines)	20 g
		Café o té a voluntad + azúcar	5 g

ALMUERZO	✚	Puré de patatas Mantequilla cruda Tomates Queso parmesano	140 g 5 g 10 g 5 g
	■ ▲ ❏	Pez espada a la plancha Endibias Pan tostado Aceite de oliva	200 g 200 g 30 g 5 g
	◆	Manzana	1
	★	Vino blanco Agua mineral sin gas, sal, vinagre	80 cc l.s.

CENA	✚	Sopa de arroz y perejil	30 g
	■ ▲ ❏	Queso de Burgos Lechuga Aceite de oliva Pan integral	60 g 150 g 5 g 40 g
	◆	Plátano mediano	1/2
		Agua mineral sin gas, sal, vinagre, limón	l.s

MIÉRCOLES   EJERCICIOS

La posición de partida se refiere a los 2 ejercicios siguientes.

PP Supina, con las manos apoyadas en el suelo, bajo la columna vertebral, piernas juntas y estiradas.

Ejercicio núm. 1

Inspirar.

Tiempos:

1...7 Doblando un poco las rodillas, contraer los músculos del abdomen hasta la compresión de las manos contra el suelo. Mantener la posi-

ción contando lentamente 7 tiempos. Apnea.

8 Espirar, relajar los abdominales y estirar las piernas volviendo a la PP.

Repetir el ejercicio 8 veces; a continuación abrazar las rodillas y relajarse durante 8 tiempos.

Ejercicio núm. 2

Inspirar.

Tiempos:

1 Levantar las piernas, bien juntas y estiradas. Los hombros permanecen en el suelo. Pies en extensión. Inspirar.

2...15 Doblar (pies de martillo) y estirar los pies durante 14 tiempos, manteniendo las piernas bien estiradas. Espirar.

16 Lentamente bajar las piernas, apnea, y volver a la PP. Inspirar.

Repetir el ejercicio 8 veces; a continuación abrazar las rodillas y relajarse durante 8 tiempos.

Ejercicio núm. 3

PP Prona, brazos estirados hacia delante, piernas juntas y estiradas.

Tiempos:

1 Levantar cabeza, busto, brazos y piernas bien estiradas; contraer los glúteos. Inspirar.

2...29 Realizar un movimiento de tijera con las piernas y los brazos desde arriba hacia abajo, 28 veces.

Atención a no doblar las rodillas. Apnea.

30 Volver a la PP.

Repetir el ejercicio 8 veces; a continuación colocarse en posición supina, abrazar las rodillas y relajarse durante 8 tiempos.

JUEVES · DIETA

DESAYUNO			
●	Leche desnatada		150 cc
○	Azúcar		5 g
❑	Copos de maíz		30 g
	Café o té		a voluntad

ALMUERZO			
✚	Lomo embuchado o jamón serrano		l.s.
▲	Tomate o hinojo Aceite de oliva		1 5 g
	Agua mineral sin gas, sal, vinagre		l.s.

CENA			
✚	Sopa de arroz y perejil		30 g
■ ▲ ❑	Lenguado a la plancha Lechuga Pan integral		180 g 150 g 40 g
◆	Kiwi		2
★	Vino blanco Agua mineral sin gas, sal, vinagre, limón		80 cc l.s.

JUEVES   EJERCICIOS

La posición de partida se refiere a los 2 ejercicios siguientes.

PP Supina, con los brazos a lo largo de los costados, piernas juntas y dobladas, rodillas en el pecho.

Ejercicio núm. 1

Inspirar.

Tiempos:

1 Levantar la cabeza y el busto; separar las manos del suelo. Estirar la pierna derecha. Pie de martillo. La rodilla izquierda permanece en el pecho. Espirar.

2 Regresar a la PP sin apoyar los pies en el suelo. Inspirar.

3 Realizar el ejercicio con la otra pierna. Espirar

4 Volver a la PP. Inspirar.

Repetir el ejercicio 8 veces; al octavo movimiento abrazar las rodillas y relajarse durante 8 tiempos.

Ejercicio núm. 2

El ejercicio debe llevarse a cabo muy lentamente.

Inspirar.

Tiempos:

1 Levantar la cabeza y el busto, cogerse los tobillos. Espirar.

2 Estirar las piernas hacia arriba bien extendidas. Pies en extensión. Apnea.

3...7 Con 5 oscilaciones, aproximar y alejar las rodillas a la cabeza. Las piernas permanecen bien estiradas. Espirar.

8 Doblar las piernas y volver a la PP, sin apoyar los pies en el suelo.

Repetir el ejercicio 8 veces; al octavo movimiento abrazar las rodillas y relajarse durante 8 tiempos.

Ejercicio núm. 3

PP A gatas, las manos en el suelo, brazos estirados, rodillas juntas, pelvis y cabeza altas, espalda recta.

Inspirar.

Tiempos:

1...11 Levantar la pierna derecha

doblada lateralmente y flexionarla 11 veces hacia arriba.

12 Volver a la PP. Inspirar.

13...23 Levantar la pierna izquierda y realizar el mismo ejercicio espirando.

24 Volver a la PP. Inspirar.

Repetir el ejercicio 8 veces y relajarse durante 8 tiempos.

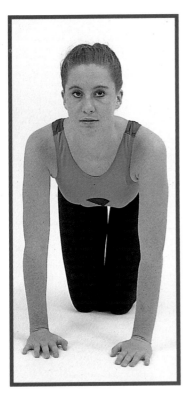

VIERNES   DIETA

DESAYUNO			
	●	Yogur desnatado	1 (125 cc)
	○	Miel	5 g
		Café o té a voluntad + azúcar	5 g

ALMUERZO			
	✚	Espaguetis	60 g
		Tomates	10 g
		Queso parmesano	5 g
	■ ▲	Hígado de ternera a la plancha	90 g
		Achicoria	250 g
		Aceite de oliva	5 g
	◆	Fresas	200 g
		Agua mineral sin gas, sal, vinagre	l.s.

CENA			
	✚	Potaje de verdura	250 g
	■ ▲	Requesón	100 g
		Lechuga	150 g
		Aceite de oliva	5 g
	❑	Pan integral	40 g
	◆	Pera	1
	★	Vino blanco	80 cc
		Agua mineral sin gas, sal, vinagre, limón	l.s.

VIERNES   EJERCICIOS

La posición de partida se refiere a los 2 ejercicios siguientes.

PP Sentada, apoyada en los codos, con las piernas juntas, estiradas y levantadas del suelo unos centímetros.

Ejercicio núm. 1

Inspirar.

Tiempos:

1 Aproximar la rodilla derecha al pecho. Espirar.

2 Estirar la pierna derecha hacia arriba. Pie en extensión. Inspirar.

3...11 Bajar hasta rozar el suelo y volver a levantar la pierna derecha estirada durante 8 tiempos.

12...19 Continuar el ejercicio durante 8 tiempos más.

20 Volver a la PP; inspirar a fondo y realizar todo el ejercicio intercambiando la posición de las piernas.

Repetir el ejercicio 8 veces; tenderse supina, abrazar las rodillas y relajarse durante 8 tiempos.

Ejercicio núm. 2

Tiempos:

1 Plantas de los pies en contacto entre sí y rodillas hacia fuera. Inspirar.

2...15 Doblar y estirar las piernas durante 14 tiempos manteniendo las plantas de los pies en contacto.

Espirar durante el movimiento y espirar durante la extensión de las piernas.

16 Bajar las piernas estiradas para volver a la PP.

Repetir el ejercicio 8 veces; tenderse supina, abrazar las rodillas y relajarse durante 8 tiempos.

Ejercicio núm. 3

PP Prona, brazos estirados hacia fuera a la altura de los hombros, manos apoyadas en el suelo, piernas estiradas y separadas.

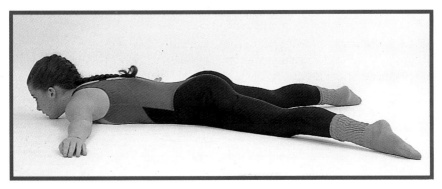

Tiempos:

1 Impulsar hacia arriba brazos y piernas bien estirados y separados. Inspirar.

2...15 Cerrar y abrir las piernas y los brazos bien estirados 14 veces. Apnea.

16 Volver a la PP e inspirar.

Repetir el ejercicio 8 veces; relajarse durante 8 tiempos.

SÁBADO · DIETA

DESAYUNO			
	●	Leche desnatada	150 cc
	○	Azúcar	5 g
	❑	Galletas	25 g
		Café o té a voluntad + azúcar	5 g

ALMUERZO			
	✚	Macarrones	45 g
		Mantequilla cruda	5 g
		Queso parmesano	5 g
	■	Jamón serrano sin tocino	50 g
	▲	Lechuga	250 g
		Aceite de oliva	5 g
	❑	Bastoncillos (colines)	25 g
	◆	Melocotón	1
		Agua mineral sin gas, sal, vinagre, limón	l.s.

CENA			
	✚	Huevos	2
	■	Queso mozzarella	50 g
	▲	Escarola	300 g
	❑	Pan tostado	2 rebanadas
		Agua mineral sin gas, sal, vinagre, té	l.s.

SÁBADO

EJERCICIOS

La posición de partida se refiere a los 2 ejercicios siguientes.

PP Supina, con las manos en la nuca, codos apoyados en el suelo, piernas juntas y estiradas.

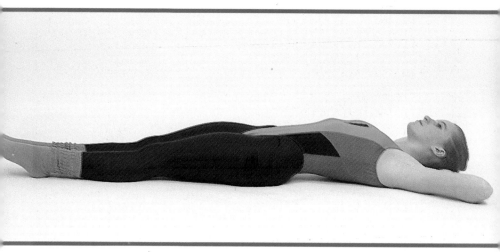

Ejercicio núm. 1

Inspirar.

Tiempos:

1...8 Abrir y cerrar las piernas en 8 tiempos levantándolas hacia arriba, espirando.

9...16 Inspirar y realizar un movimiento de tijera con las piernas (derecha encima, izquierda debajo y viceversa) en 8 tiempos bajándolas aunque sin tocar el suelo.

Repetir el ejercicio 8 veces, alternando pies en extensión con pies de martillo. Relajarse durante 8 tiempos abrazando las rodillas.

Ejercicio núm. 2

Inspirar.

Tiempos:

1 Apoyar el pie derecho en la rodilla izquierda. Espirar.

2...7 Levantar (inspirando) y bajar (espirando) la pierna izquierda bien estirada, 6 veces, oponiendo resistencia con el pie derecho.

8 Volver a la PP sin apoyar las piernas en el suelo; estirar la pierna derecha y apoyar el pie izquierdo en la rodilla derecha. Espirar.

9...15 Realizar el mismo ejercicio.

16 Volver a la PP sin apoyar las piernas.

Repetir el ejercicio 8 veces, alternando pie en extensión con pie de martillo. Relajarse durante 8 tiempos abrazando las rodillas.

Ejercicio núm. 3

PP A gatas: brazos estirados, manos en el suelo, cabeza y pelvis altas.

Tiempos:

1 Bajar la cabeza y acercar la rodilla derecha a la frente. Espirar.

2 Levantar la cabeza e impulsar la pierna derecha estirada hacia arriba. Inspirar.

3...15 Continuar el movimiento durante 13 tiempos.

16 Juntar las piernas y realizar el ejercicio flexionando e impulsando la izquierda.

Repetir el ejercicio 8 veces; relajarse durante 8 tiempos.

DOMINGO   DIETA

DESAYUNO		Café o té	a voluntad
		Azúcar	5 g

ALMUERZO	■	Pescado hervido o a la plancha	a voluntad
	▲	Ensalada mixta	a voluntad
	❑	Crackers	20 g
	◆	Pomelo	1
		Agua mineral sin gas, sal, vinagre	l.s.

CENA	✚	Potaje de verdura	250 g
	■	Queso emmental	40 g
	▲	Calabacines hervidos	200 g
		Aceite de oliva	5 g
	❑	Pan integral	40 g
	◆	Cerezas	200 g
	★	Vino blanco	80 cc
		Agua mineral sin gas, sal, vinagre, limón	l.s.

ALTERNATIVAS A LAS DIETAS

Desayuno

●	Leche desnatada	150 cc
	Yogur desnatado	1 (125 cc)
	Zumo de cítricos	200 cc
	Zumo de manzana	150 cc
	Huevo crudo	1
	Huevo pasado por agua	1
○	Miel	5 g
	Azúcar	5 g
❑	Galletas	25 g
	Crackers	20 g
	Biscotes	30 g
	Copos de cereales	30 g
	Pan integral	40 g
	Pan tostado	30 g
	Bastoncillos (colines)	20 g

Primeros platos ✚

	CANTIDAD ALMUERZO	CANTIDAD CENA
Arroz	50 g	30 g
Cintas	50 g	30 g
Espaguetis	60 g	35 g
Lacitos	50 g	30 g
Macarrones	45 g	30 g
Potaje de verdura		250 g
Potaje de verdura		150 g
y pasta		20 g
Puré de patatas	150 g	110 g
Sopa de pasta		30 g
Sopa de arroz		30 g

Segundos platos ■

	CANTIDAD ALMUERZO	CANTIDAD CENA
Conejo	110 g	95 g
Filete de vacuno	100 g	80 g
Gambas	200 g	170 g
Hígado de ternera	90 g	80 g
Huevos	—	2
Jamón de York	40 g	35 g
Jamón serrano	60 g	50 g
Lomo	80 g	60 g
Lomo embuchado	70 g	50 g
Pavo	100 g	80 g
Pescado Dorada	180 g	150 g
Lenguado	180 g	150 g
Lubina	200 g	180 g
Merluza	200 g	170 g
Mero	180 g	150 g
Perca	180 g	150 g
Pescadilla	200 g	170 g
Pez espada	200 g	170 g
Salmonete	100 g	100 g
Sardina	100 g	100 g
Tenca	200 g	170 g
Trucha	180 g	150 g
Pintada	120 g	100 g
Pizza margarita	120 g	120 g
Pollo	140 g	110 g
Queso Brie	—	80 g
Burgos	—	60 g
Cabrales	—	40 g
Camembert	—	35 g
Emmental	—	40 g
Fresco	—	80 g
Gorgonzola	—	55 g
Gouda	—	55 g
Gruyère	—	55 g
Idiazábal	—	55 g
Manchego	—	55 g
Mozzarella	90 g	80 g
Parmesano	—	60 g
Requesón	—	100 g
Roquefort	—	50 g
Villalón	—	55 g
Ternera asada	90 g	75 g
Ternera (bistec)	110 g	90 g

Guarniciones ▲

	CANTIDAD ALMUERZO	CANTIDAD CENA
Alcachofas	200 g	200 g
Brécoles	200 g	150 g
Calabacines	250 g	200 g
Cebollas	250 g	200 g
Coliflores	200 g	150 g
Ensalada Achicoria	250 g	200 g
Endibia	200 g	150 g
Escarola	300 g	200 g
Lechuga	250 g	200 g
Espárragos	200 g	200 g
Espinacas	350 g	300 g
Guisantes	90 g	90 g
Hinojos	250 g	200 g
Patatas	180 g	150 g
Rabanitos	300 g	250 g
Remolachas rojas	300 g	150 g
Tomates	300 g	250 g
Zanahorias cocidas	250 g	200 g
Zanahorias crudas	300 g	200 g

Fruta ◆

	CANTIDAD
Albaricoques	2
Arándanos	300 g
Cerezas	200 g
Frambuesas	300 g
Fresas	200 g
Kiwis	2
Mandarinas	2
Manzana	1
Melocotón	1
Naranja	1
Papaya	1/2
Pera	1
Plátano mediano	1/2
Pomelo	1

SEGUNDO NIVEL

Dietas, ejercicios, alternativas a las dietas

En los ejemplos cotidianos de dieta, junto a cada plato aparece uno de los siguientes símbolos: ✚ ■ ❑ ● ○ ◆ ▲ ★
Recurriendo a las tablas de las alternativas en la página 91 es posible sustituir en el desayuno, el almuerzo o la cena los alimentos que no gusten escogiendo otros marcados con el mismo símbolo.
No obstante, se recomienda no utilizar, a lo largo de la semana, la misma sustitución más de dos veces.

DIETA DIARIA DEL SEGUNDO NIVEL (1440 kcal)	
Proteínas (prótidos)	55 g
Grasas (lípidos)	38 g
Azúcares (glúcidos)	215 g
Vitaminas y minerales equilibrados	

LUNES   DIETA

DESAYUNO	●	Yogur desnatado	1 (125 cc)
	○	Azúcar	5 g
		Café o té	a voluntad

ALMUERZO	✛	Arroz hervido	30 g
		Aceite de oliva	3 g
	■	Queso mozzarella	80 g
	▲	Lechuga	250 g
	❑	Crackers	25 g
		Agua mineral sin gas, sal, vinagre	l.s.

CENA	✛	Potaje de verdura	200 g
	■	Pollo asado	75 g
	▲	Patatas cocidas	100 g
	❑	Pan integral	25 g
	◆	Pomelo	1
		Agua mineral sin gas, sal, vinagre	l.s.

LUNES   EJERCICIOS

La posición de partida (PP) se refiere a los 4 ejercicios siguientes.

PP Supina, con las piernas juntas y estiradas, manos en la nuca, codos en el suelo.

Ejercicio núm. 1

Inspirar.

Tiempos:

1 Levantar la cabeza y la parte superior de la espalda. Espirar.

2 Volver a la PP. Inspirar. Los codos permanecen siempre bien atrás, en línea con los hombros.

Repetir el ejercicio 16 veces; a continuación abrazar las rodillas y relajarse durante 8 tiempos.

Ejercicio núm. 2

Inspirar.

Tiempos:

1 Levantar el busto y la pierna derecha doblada. Con el codo izquierdo tocar la rodilla derecha. Espirar.

2 Volver a la PP. Inspirar.

3 Levantar el busto y con el codo derecho tocar la rodilla izquierda. Espirar.

4 Volver a la PP. Inspirar.

Repetir todo el ejercicio 12 veces; a continuación abrazar las rodillas y relajarse.

Ejercicio núm. 3

Inspirar.

Tiempos:

1 Levantar cabeza y hombros y aproximar la rodilla derecha al pecho. Espirar.

2 Muy lentamente estirar la pierna y volver a la posición supina. Apnea e inspirar.

3 Realizar el ejercicio doblando la otra pierna. Espirar.

4 Volver a la PP.

Repetir todo el ejercicio 8 veces; a continuación abrazar las rodillas y relajarse.

Ejercicio núm. 4

Inspirar.

Tiempos:

1 Levantar el busto, impulsando los dos brazos hacia arriba, hasta sentarse con las piernas dobladas, los pies apoyados en el suelo. Espirar.

2 Llevar las manos a la nuca, estirar las piernas y, en apnea, bajar el busto para volver a la PP. Inspirar.

Repetir todo el ejercicio 8 veces; a continuación abrazar las rodillas y relajarse.

MARTES DIETA

DESAYUNO	●	Leche desnatada	150 cc
	○	Azúcar	5 g
		Café o té	a voluntad

ALMUERZO	✚	Cintas	40 g
		Mantequilla cruda	5 g
		Tomates	10 g
	■	Jamón serrano	30 g
	◆	Lechuga	250 g
	❑	Bastoncillos (colines)	15 g
		Agua mineral sin gas, sal, vinagre	l.s.

CENA		Pescado hervido a elegir	cantidad libre
		Ensalada mixta a elegir	cantidad libre
		Aceite de oliva	5 g
		Pan integral	25 g
		Agua mineral sin gas, sal, vinagre, limón	l.s.

La posición de partida se refiere a los 3 ejercicios siguientes.

PP Supina, con piernas juntas y estiradas, puntas de los pies en extensión, brazos estirados detrás de la cabeza y apoyados en el suelo.

Ejercicio núm. 1

Inspirar.

Tiempos:

1 Impulsar los brazos hacia arriba y hacia delante, levantar el busto erguido y la pierna derecha doblada. Dar una palmada bajo la pierna. Espirar.

2 Volver a la PP lentamente. Inspirar.

3 Levantar el busto y la pierna izquierda doblada. Dar una palmada bajo la pierna. Espirar.

4 Volver a la PP.

Repetir el ejercicio 8 veces; a continuación abrazar las rodillas y relajarse durante 8 tiempos.

Ejercicio núm. 2

Inspirar.

Tiempos:

1 Levantar el busto y ambas piernas juntas y dobladas, con los pies en extensión. Dar una palmada bajo las mismas. Espirar.

2 Volver a la PP. Inspirar.

Repetir el ejercicio 8 veces; a continuación abrazar las rodillas y relajarse durante 8 tiempos.

Ejercicio núm. 3

Inspirar.

Tiempos:

1 Levantar el busto, los brazos y la pierna derecha y coger el tobillo con las manos. Apnea.

2...7 Flexionar durante 6 tiempos la pierna bien estirada aproximándola al pecho. Espirar.

8 Volver a la PP e inspirar.

9...16 Realizar el mismo ejercicio con la pierna izquierda. Espirar.

Repetir el ejercicio 6 veces, a continuación abrazar las rodillas y relajarse durante 8 tiempos.

MIÉRCOLES   DIETA

DESAYUNO	●	Zumo de manzana	150 cc
	○	Azúcar	5 g
		Café o té	a voluntad

ALMUERZO	■	Huevos revueltos o al plato	2
	▲	Tomates	100 g
	❑	Crackers	25 g
		Agua mineral sin gas, sal	l.s.

CENA	■	Potaje de verdura	200 g
		Queso villalón	50 g
	▲	Cebollas hervidas	200 g
	❑	Pan integral	25 g
	◆	Pomelo	1
		Agua mineral sin gas, sal, vinagre	l.s.

MIÉRCOLES

EJERCICIOS

La posición de partida se refiere a los 4 ejercicios siguientes.

PP Supina, piernas juntas y estiradas, pies en extensión, brazos a lo largo de los costados.

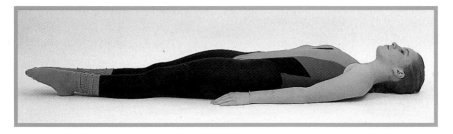

Ejercicio núm. 1

Inspirar.

Tiempos:

1...7 Levantar la cabeza y los hombros y espirar lentamente en 7 tiempos, manteniendo la postura.

8 Volver a la PP e inspirar.

Repetir el ejercicio 12 veces; a continuación abrazar las rodillas y relajarse durante 8 tiempos.

Ejercicio núm. 2

Inspirar.

Tiempos:

1 Aproximar al pecho la rodilla derecha y levantar la cabeza. Los hombros permanecen en el suelo. Espirar.

2 Volver a la PP. Inspirar.

3 Aproximar al pecho la rodilla izquierda, levantar la cabeza. Espirar.

4 Volver a la PP. Inspirar.

Repetir el ejercicio 8 veces; a continuación abrazar las rodillas y relajarse durante 8 tiempos.

Ejercicio núm. 3

Inspirar.

Tiempos:

1 Llevar las rodillas al pecho, piernas bien juntas, pies en extensión. Espirar.

2 Estirar las piernas hacia arriba. Inspirar.

3 Bajar lentamente las piernas estiradas, hasta rozar el suelo. Espirar.

Repetir el ejercicio 12 veces; abrazar las rodillas y relajarse durante 8 tiempos.

Ejercicio núm. 4

Inspirar.

Tiempos:

1 Levantar las piernas, estiradas hacia arriba, realizando un movimiento de tijera con la derecha sobre la izquierda y viceversa 8 veces. Espirar.

2 Llevar las rodillas al pecho. Inspirar.

3 Estirar lentamente las piernas, rozando el suelo. Espirar.

Repetir el ejercicio 8 veces; al octavo movimiento abrazar las rodillas y relajarse durante 8 tiempos.

JUEVES   DIETA

DESAYUNO		Yogur desnatado	1 (125 cc)
		Café o té	a voluntad
		Azúcar	5 g

ALMUERZO		Atún escurrido	a voluntad
		Lechuga, apio, pepinos	a voluntad
		Aceite de oliva	5 g
		Agua mineral sin gas, sal, vinagre, limón	l.s.

CENA	■	Pollo asado o hervido	100 g
	▲	Espinacas hervidas	200 g
	▲	Patatas hervidas	100 g
	❏	Pan integral	25 g
	◆	Pomelo	1
		Agua mineral sin gas, sal, vinagre, limón	l.s.

La posición de partida se refiere a los 3 ejercicios siguientes.

PP Tenderse sobre el lado derecho, apoyado en el codo derecho, con espalda
y piernas en la misma línea, glúteos contraídos, mano izquierda apoyada en
el suelo, a la altura del abdomen. Piernas bien estiradas, pies en extensión.

Es muy importante mantener durante la ejecución de esta serie de ejercicios
las piernas y la espalda siempre en la misma línea y los pies en extensión.

Ejercicio núm. 1

Tiempos:

1 Levantar la pierna izquierda bien estirada. Cuerpo en línea, glúteos contraídos. Inspirar.

2 Volver lentamente a la PP aunque sin apoyar la pierna izquierda en la derecha. Espirar.

3...8 Levantar y bajar hasta el octavo tiempo.

Cambiar de lado.

9...16 Realizar el ejercicio sobre el lado izquierdo.

Repetir el ejercicio 6 veces; abrazar las rodillas y relajarse durante 8 tiempos.

Ejercicio núm. 2

Tiempos:

1 Aproximar la rodilla izquierda al pecho. El pie en extensión. Inspirar.

2 Estirar la pierna izquierda hacia delante hasta rozar la derecha. Espirar.

3...12 Continuar el ejercicio durante 10 tiempos.

Cambiar de lado.

13...24 Realizar el mismo ejercicio sobre el lado izquierdo.

Repetir el ejercicio 8 veces; a continuación abrazar las rodillas y relajarse durante 8 tiempos.

Ejercicio núm. 3

Inspirar.

Tiempos:

1...6 Efectuando 1/4 de circunferencia, aproximar el pie izquierdo a la mano derecha, levantando y bajando la punta del pie respecto al suelo 6 veces. Espirar.

7 Levantar la pierna estirada hacia arriba; punta del pie hacia el techo. Inspirar.

8 Bajarla hasta rozar la pierna derecha. Espirar.

Repetir 6 veces, luego cambiar de lado y realizar todo el ejercicio con la pierna derecha.

Repetir todo el ejercicio 6 veces; a continuación tenderse supina, abrazar las rodillas y relajarse.

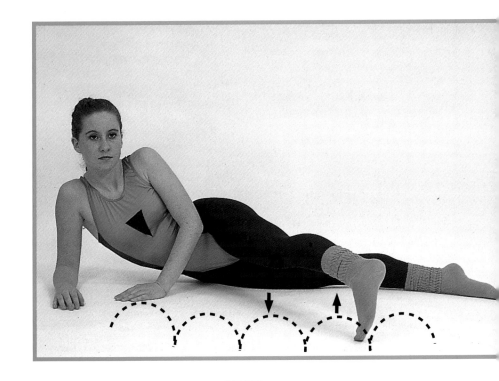

VIERNES   DIETA

DESAYUNO			
	●	Leche desnatada	150 cc
	❑	Copos de maíz	25 g
	○	Azúcar	5 g
		Café	a voluntad
		o café de cebada	l.s.

ALMUERZO			
	✚	Espaguetis	50 g
		Aceite de oliva	5 g
		Tomates	10 g
	■	Filete de vaca	100 g
	▲	Escarola	150 g
	◆	Fresas	200 g
		Agua mineral sin gas, sal, vinagre, limón	l.s.

CENA			
	✚	Sopa de arroz	30 g
	■	Lomo embuchado	50 g
	▲	Lechuga	150 g
		Aceite de oliva	5 g
	❑	Pan integral	25 g
	◆	Pomelo	1
		Agua mineral sin gas, sal, vinagre, limón	l.s.

VIERNES   EJERCICIOS

La posición de partida se refiere a los 4 ejercicios siguientes.

PP Sentada, piernas juntas y dobladas, pies apoyados en el suelo, brazos estirados, manos en el suelo detrás.

Ejercicio núm. 1

Inspirar.

Tiempos:

1 Inclinar el busto hacia atrás y estirar las piernas juntas hacia arriba. Espirar.

2...7 Mantener la posición durante 6 tiempos. Apnea.

8 Volver a la PP. Inspirar.

Repetir el ejercicio 8 veces; al octavo movimiento abrazar las rodillas y relajarse durante 8 tiempos.

Ejercicio núm. 2

Inspirar.

Tiempos:

1...7 Inclinar el busto hacia atrás, doblando los brazos, y levantar las piernas estiradas. Abrirlas y cerrarlas 7 veces. Espirar.

8 Volver a la PP e inspirar.

Repetir el ejercicio 8 veces; al octavo movimiento abrazar las rodillas y relajarse durante 8 tiempos.

Ejercicio núm. 3

Inspirar.

Tiempos:

1...3 Recoger las rodillas en el pecho (los pies no tocan el suelo), abrazar las piernas y permanecer en

equilibrio sobre la pelvis durante 3 segundos. Espirar.

4 Estirar las piernas hacia delante sin apoyarlas, llevar los brazos hacia fuera y, lentamente, volver a la PP. Inspirar.

Repetir el ejercicio 8 veces; a continuación abrazar las rodillas y relajarse durante 8 tiempos.

Ejercicio núm. 4

Inspirar.

Tiempos:

1 Coger con las manos los tobillos y muy lentamente inclinar el busto hacia atrás levantando los pies del suelo. Espirar.

2 Estirar las piernas hacia arriba y separarlas. Mantener la contracción abdominal. Inspirar.

3 Reunir las piernas estiradas. Espirar.

4 Lentamente doblar las piernas y volver a la PP. Inspirar.

Repetir el ejercicio 6 veces; a continuación abrazar las rodillas y relajarse durante 8 tiempos.

SÁBADO   DIETA

DESAYUNO	●	Leche desnatada	150 cc
	○	Miel	5 g
	❑	Galletas	25 g
		Café o té	a voluntad

ALMUERZO		Fruta de cualquier tipo	a voluntad
		Agua mineral sin gas, té o café	a voluntad
		Azúcar	5 g

CENA	✚	Potaje de arroz	200 g 30 g
	■ ▲	Pavo a la plancha o hervido Calabacines hervidos Aceite de oliva	80 g 200 g 5 g
		Agua mineral sin gas, sal, vinagre, limón	l.s.

SÁBADO   EJERCICIOS

La posición de partida se refiere a los 4 ejercicios siguientes.

PP En posición supina, con los brazos detrás de la cabeza apoyados en el suelo, piernas dobladas y separadas, pies en el suelo.

Ejercicio núm. 1

Inspirar.

Tiempos:

1 Levantar el busto impulsando los brazos hacia arriba y hacia delante estirándolos entre las piernas separadas. Espirar.

2 Volver a la PP lentamente. Inspirar.

Repetir el ejercicio 12 veces; a continuación abrazar las rodillas y relajarse durante 8 tiempos.

Ejercicio núm. 2

Inspirar.

Tiempos:

1 Levantar el busto del suelo unos centímetros y estirar lo más posible el hombro y el brazo derecho hacia el techo, espirando. Inspirar.

2 Bajar el hombro y el brazo derecho estirado y estirar el brazo izquierdo.

El movimiento es rápido y debe repetirse 16 veces.

Repetir el ejercicio 8 veces; al octavo movimiento abrazar las rodillas y relajarse durante 8 tiempos.

Ejercicio núm. 3

Inspirar.

Tiempos:

1 Apoyar la rodilla derecha en el suelo en la parte interna de las piernas. Los pies permanecen inmóviles. Espirar.

2 Volver a situar la rodilla derecha en la PP y levantar la pelvis lo más alto posible. Inspirar.

3 Bajar la pelvis y realizar el ejercicio con la pierna izquierda. Espirar

4 Volver a la PP. Inspirar.

Repetir el ejercicio 8 veces; a continuación abrazar las rodillas y relajarse durante 8 tiempos.

Ejercicio núm. 4

Tiempos:

1 Coger con las manos los tobillos y levantar la pelvis. Inspirar.

2...16 Contraer los glúteos y flexio-nar 15 veces el abdomen hacia arriba. Espirar lentamente durante la ejecución.

Repetir el ejercicio 8 veces; a conti-nuación abrazar las rodillas y rela-jarse durante 8 tiempos.

DOMINGO   DIETA

DESAYUNO	○	Café o té	a voluntad
		Azúcar	5 g

ALMUERZO		Pollo o conejo asado	a voluntad
		Ensalada mixta	a voluntad
		Aceite de oliva	5 g
		Fruta	a voluntad
		Agua mineral sin gas, sal, vinagre, limón	l.s.

CENA	✚	Sopa de pasta	30 g
	■	Queso emmental	40 g
	▲	Patatas hervidas	100 g
	❑	Crackers	25 g
		Agua mineral sin gas, sal, vinagre, limón	l.s.

ALTERNATIVAS A LAS DIETAS

Desayuno		
●	Leche desnatada	150 cc
	Yogur desnatado	1 (125 cc)
	Zumo de cítricos	200 cc
	Zumo de manzana	150 cc
	Huevo crudo	1
	Huevo pasado por agua	1
○	Miel	5 g
	Azúcar	5 g
❑	Galletas	25 g
	Crackers	20 g
	Biscotes	30 g
	Copos de cereales	25 g
	Pan integral	25 g
	Pan tostado	30 g
	Bastoncillos (colines)	15 g

Primeros platos ✚		
	CANTIDAD ALMUERZO	CANTIDAD CENA
Arroz	30 g	25 g
Cintas	40 g	20 g
Espaguetis	50 g	30 g
Lacitos	40 g	20 g
Macarrones	40 g	25 g
Potaje de verdura		200 g
Potaje de verdura		150 g
y pasta		15 g
Puré de patatas	130 g	80 g
Sopa de pasta		30 g
Sopa de arroz		30 g

Segundos platos ■

	CANTIDAD ALMUERZO	CANTIDAD CENA
Conejo	100 g	80 g
Filete de vacuno	100 g	70 g
Gambas	200 g	170 g
Hígado de ternera	90 g	70 g
Huevos	2	—
Jamón de York	30 g	30 g
Jamón serrano	30 g	20 g
Lomo	70 g	60 g
Lomo embuchado	60 g	50 g
Pavo	100 g	80 g
Pescado Dorada	160 g	130 g
Lenguado	160 g	130 g
Lubina	200 g	180 g
Merluza	180 g	160 g
Mero	160 g	130 g
Perca	160 g	100 g
Pescadilla	180 g	160 g
Pez espada	180 g	160 g
Salmonete	90 g	90 g
Sardina	90 g	60 g
Tenca	180 g	100 g
Trucha	160 g	140 g
Pintada	110 g	90 g
Pizza margarita	100 g	75 g
Pollo	130 g	100 g
Queso Brie	—	70 g
Burgos	—	50 g
Cabrales	—	40 g
Camembert	—	25 g
Emmental	—	40 g
Fresco	—	70 g
Gorgonzola	—	30 g
Gouda	—	50 g
Gruyère	—	50 g
Idiazábal	—	45 g
Manchego	—	40 g
Mozzarella	80 g	70 g
Parmesano	50 g	50 g
Requesón	—	80 g
Roquefort	—	40 g
Villalón	—	50 g
Ternera asada	80 g	70 g
Ternera (bistec)	100 g	80 g

Guarniciones ▲		
	CANTIDAD ALMUERZO	CANTIDAD CENA
Alcachofas	150 g	150 g
Brécoles	150 g	130 g
Calabacines	200 g	200 g
Cebollas	200 g	200 g
Coliflores	100 g	100 g
Ensalada Achicoria	200 g	200 g
Endibia	180 g	120 g
Escarola	150 g	150 g
Lechuga	150 g	150 g
Espárragos	200 g	150 g
Espinacas	200 g	180 g
Guisantes	80 g	60 g
Hinojos	180 g	160 g
Patatas	130 g	100 g
Rabanitos	200 g	200 g
Remolachas rojas	250 g	140 g
Tomates	100 g	100 g
Zanahorias cocidas	200 g	200 g
Zanahorias crudas	200 g	200 g

Fruta ◆	
	CANTIDAD
Albaricoques	2
Arándanos	300 g
Cerezas	200 g
Frambuesas	300 g
Fresas	200 g
Kiwis	2
Mandarinas	2
Manzana	1
Melocotón	1
Naranja	1
Papaya	1/2
Pera	1
Plátano mediano	1/2
Pomelo	1

TERCER NIVEL

Dietas y ejercicios

No existen alternativas salvo las relacionadas con alergias conocidas o idiosincrasias.

DIETA DIARIA DEL TERCER NIVEL (1130 kcal) medias diarias durante 7 días

Proteínas (prótidos)	45 g
Grasas (lípidos)	23 g
Azúcares (glúcidos)	180 g
Vitaminas y minerales equilibrados	

LUNES   DIETA

DESAYUNO	Leche desnatada	150 cc
	Azúcar	3 g
	Pan tostado	20 g
	Café o té	a voluntad

ALMUERZO	Espaguetis	40 g
	Tomates	10 g
	Aceite de maíz	5 g
	Filete a la plancha	80 g
	Lechuga	100 g
	Agua mineral sin gas, sal, vinagre, limón	l.s.

CENA	Pollo hervido frío	a voluntad
	Espinacas	a voluntad
	Manzana	1
	Agua mineral sin gas, sal, vinagre, limón	l.s.

LUNES   EJERCICIOS

La posición de partida se refiere a los 3 ejercicios siguientes.

PP Supina, con las manos en la nuca, codos apoyados en el suelo, piernas y pies bien estirados hacia arriba.

Ejercicio núm. 1

Inspirar.

Tiempos:

1 Levantar bien la cabeza y los hombros. Espirar.

2 Volver a la posición supina. Inspirar.

Repetir el ejercicio 12 veces; a continuación abrazar las rodillas y relajarse durante 8 tiempos.

Ejercicio núm. 2

Tiempos:

1 Llevar las rodillas al pecho. Pies en extensión. Espirar.

2 Estirar las piernas hacia delante rozando el suelo. No apoyarlas.

3 Llevar las piernas juntas y estiradas hacia arriba para volver a la PP. Pies en extensión.

4...6 Realizar el mismo ejercicio con los pies de martillo.

Repetir el ejercicio 8 veces; a continuación abrazar las rodillas y relajarse.

Ejercicio núm. 3

Inspirar.

Tiempos:

1...6 Abrir y cerrar las piernas estiradas 6 veces, bajándolas hasta rozar el suelo. Espirar.

7 Recoger las rodillas en el pecho.

8 Estirar las piernas hacia arriba para volver a la PP. Inspirar.

Repetir el ejercicio 8 veces; al octavo movimiento abrazar las rodillas y relajarse durante 8 tiempos.

MARTES   DIETA

DESAYUNO	Yogur desnatado	1 (125 cc)
	Miel	5 g
	Café o té	a voluntad

ALMUERZO	Pescado hervido	a voluntad
	Ensalada verde	a voluntad
	Aceite de maíz	5 g
	Pan tostado	1 rebanada
	Agua mineral sin gas, sal, vinagre, limón	l.s.

CENA	Potaje de verdura	200 g
	y arroz	20 g
	Huevo pasado por agua	1
	Bastoncillos (colines)	20 g
	Arándanos	a voluntad
	Agua mineral sin gas, sal, vinagre, limón	l.s.

MARTES   EJERCICIOS

La posición de partida se refiere a los 4 ejercicios siguientes.

PP En posición supina, apoyada en los codos, piernas juntas y estiradas.

Ejercicio núm. 1

Tiempos:

1 Separar las piernas. Pies en extensión. Inspirar.

2 Levantar las piernas separadas. Espirar.

3 Reunir las piernas arriba. Pies de martillo. Espirar.

4 Bajar las piernas muy lentamente para volver a la PP. Apnea e inspirar.

Repetir el ejercicio 8 veces; a continuación abrazar las rodillas y relajarse durante 8 tiempos.

Ejercicio núm. 2

Inspirar.

Tiempos:

1...7 Levantar las piernas unos centímetros y cruzar 7 veces la derecha sobre la izquierda y viceversa. Pies en extensión. Espirar.

8 Volver a la PP e inspirar.

9...16 Realizar el mismo ejercicio con los pies de martillo.

Repetir el ejercicio 8 veces; al octavo movimiento abrazar las rodillas y relajarse durante 8 tiempos.

Ejercicio núm. 3

Inspirar.

Tiempos:

1...7 Realizar un movimiento de tijera con las piernas desde arriba hacia abajo y viceversa 7 veces. Pies en extensión. Espirar.

8 Volver a la PP e inspirar.

9...15 Efectuar el mismo ejercicio con los pies de martillo. Espirar.

16 Volver a la PP e inspirar.

Repetir el ejercicio 8 veces; al octavo movimiento abrazar las rodillas y relajarse durante 8 tiempos.

Ejercicio núm. 4

Inspirar.

Tiempos:

1...7 Levantar las piernas bien estiradas y, aproximándolas y alejándolas entre sí, dibujar círculos durante 7 tiempos. Pies en extensión. Espirar.

8 Recoger las rodillas en el pecho e inspirar.

9...15 Estirar las dos piernas y realizar el mismo ejercicio con los pies de martillo durante 7 tiempos. Espirar.

16 Recoger las rodillas en el pecho y volver a la PP. Inspirar.

Repetir el ejercicio 8 veces; a continuación abrazar las rodillas y relajarse durante 8 tiempos.

MIÉRCOLES

DIETA

DESAYUNO	Zumo de pomelo	200 cc
	Galletas	15 g
	Café o té	a voluntad
	Azúcar	3 g

ALMUERZO	Puré de patatas	200 g
	Tomates	10 g
	Queso parmesano	5 g
	Pomelo	1
	Agua mineral sin gas, sal, vinagre, limón	l.s.

CENA	Filete a la plancha	a voluntad
	Tomates, lechuga, aceitunas, pepinos, apio, escarola	a voluntad
	Crackers	15 g
	Agua mineral sin gas, sal, vinagre, limón	l.s

MIÉRCOLES   EJERCICIOS

La posición de partida se refiere a los 4 ejercicios siguientes.

PP Supina, brazos hacia fuera apoyados en el suelo, piernas estiradas y juntas.

Ejercicio núm. 1

Inspirar.

Tiempos:

1 Llevar el brazo izquierdo hacia la derecha, con la palma de la mano izquierda en contacto con la mano derecha, y ponerse prona, rodando sobre el lado derecho. Las piernas permanecen juntas y estiradas. Espirar.

2 Rodar hacia la izquierda, mante-niendo el cuerpo en línea, para volver a la PP; ambos brazos están hacia fuera. Inspirar.

3 Rodar hacia la izquierda. El brazo derecho se sitúa sobre el izquierdo. Espirar.

4 Volver a la PP. Inspirar.

Repetir el ejercicio 8 veces; a continuación abrazar las rodillas y relajarse durante 8 tiempos.

Ejercicio núm. 2

Tiempos:

1 Levantar la pierna derecha estirada. Inspirar.

2 Bajarla lateralmente a la izquierda, sin doblarla. Espirar.

3 Levantar la pierna hacia arriba. Inspirar.

4 Bajar muy lentamente la pierna. Espirar.

5...8 Realizar el mismo ejercicio con la pierna izquierda.

Repetir el ejercicio 8 veces; a continuación abrazar las rodillas y relajarse durante 8 tiempos.

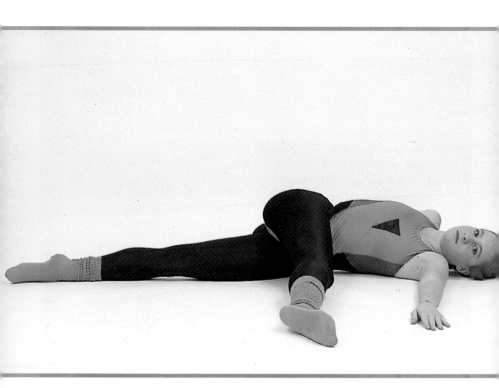

Ejercicio núm. 3

Inspirar.

Tiempos:

1...7 Aproximar las rodillas al pecho y levantar la cabeza y los hombros. Las manos permanecen en el suelo. Mantener la posición 7 tiempos. Apnea.

8 Volver a la PP espirando.

Repetir el ejercicio 12 veces; a continuación abrazar las rodillas y relajarse durante 8 tiempos.

111

Ejercicio núm. 4

Inspirar.

Tiempos:

1 Levantar las piernas hacia arriba e, impulsando los brazos hacia de-lante, dar una palmada bajo las pier-nas bien estiradas. Espirar.

2 Muy lentamente volver a la PP e inspirar.

Repetir el ejercicio 8 veces; a conti-nuación abrazar las rodillas y rela-jarse durante 8 tiempos.

JUEVES   DIETA

DESAYUNO	Zumo de manzana	200 cc
	Café o té	a voluntad
	Azúcar	3 g

ALMUERZO	Quesos mixtos	a voluntad
	Aceite de maíz	10 g
	Fresas	200 g
	Agua mineral sin gas, sal, vinagre, limón	l.s.

CENA	Sopa de pasta	30 g
	Lenguado a la plancha	200 g
	Patatas hervidas	100 g
	Aceite de maíz	5 g
	Agua mineral sin gas, sal, vinagre, limón	l.s.

La posición de partida se refiere a los 2 ejercicios siguientes.

PP Sentada, busto y cabeza erguidos, brazos estirados y hacia atrás, manos apoyadas en el suelo, pierna derecha estirada delante, izquierda doblada con la rodilla hacia fuera y la planta del pie en contacto con la parte interna del muslo derecho.

Ejercicio núm. 1

Inspirar.

Tiempos:

1...7 Inclinando el busto hacia atrás, levantar la pierna derecha estirada y la izquierda doblada; las manos permanecen en el suelo. Inter-

cambiar 7 veces la posición de las piernas (doblar la derecha y flexionar la izquierda...) sin apoyarlas en el suelo. Espirar.

8 Volver a la PP. Inspirar.

Repetir el ejercicio 8 veces; a continuación abrazar las rodillas y relajarse durante 8 tiempos.

Ejercicio núm. 2

Inspirar.

Tiempos:

1...3 Coger con las manos el pie derecho y flexionar 3 veces, con movimiento lento y gradual, el busto hacia abajo, tratando de aproximar el pecho a la rodilla. Espirar.

4...6 Apoyar las manos detrás, levantar y juntar las piernas. Mantener la postura durante 3 tiempos. Apnea.

7...11 Bajar las piernas, inspirar, doblar la pierna derecha. Poner el pie derecho en contacto con el muslo izquierdo y realizar el ejercicio hacia la izquierda. Espirar.

12 Volver a la PP. Inspirar.

Repetir el ejercicio 8 veces; a continuación abrazar las rodillas y relajarse durante 8 tiempos.

Ejercicio núm. 3

PP Sentada, con las piernas juntas y estiradas, busto y cabeza erguidos, brazos estirados, manos apoyadas detrás.

Tiempos:

1 Levantar la pelvis, permaneciendo apoyada sobre las manos y los talones e impulsando el abdomen hacia arriba. Inspirar.

2...7 Mantener la posición durante 6 tiempos. Apnea.

8 Volver a la PP espirando; estirar la pierna doblada y doblar la estirada.

Repetir el ejercicio 8 veces; a continuación abrazar las rodillas y relajarse durante 8 tiempos.

VIERNES   DIETA

DESAYUNO	Zumo de pomelo	200 cc
	Café o té	a voluntad

ALMUERZO	Fruta fresca de temporada	a voluntad
	Azúcar	3 g
	Café o té	a voluntad
	Agua mineral sin gas, limón	l.s.

CENA	Potaje de verdura	200 g
	y arroz	20 g
	Queso rallado	5 g
	Queso mozzarella	80 g
	Patatas hervidas	200 g
	Aceite de maíz	5 g
	Agua mineral sin gas, sal	l.s.

VIERNES   EJERCICIOS

La posición de partida se refiere a los 4 ejercicios siguientes.

PP En posición supina, brazos estirados detrás de la cabeza apoyados en el suelo, piernas juntas y estiradas, pies en forma de martillo.

Ejercicio núm. 1

Inspirar.

Tiempos:

1 Levantar unos centímetros brazo, cabeza, hombros y piernas estiradas. Pies de martillo. Apnea.

2 Volver lentamente a la PP. Espirar.

Repetir el ejercicio 12 veces; a continuación abrazar las rodillas y relajarse durante 8 tiempos.

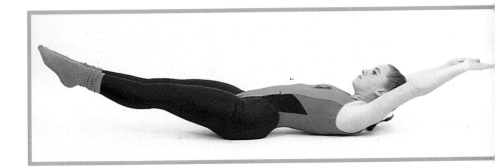

Ejercicio núm. 2

Inspirar.

Tiempos:

1 Levantar las piernas juntas y estiradas. Apnea, a continuación espirar.

2 Separar las piernas. Inspirar.

3 Impulsar los brazos hacia delante y levantar el busto. Manos entre las piernas. Espirar.

4 Volver con busto, hombros y brazos al suelo. Apnea.

5 Reunir las piernas. Inspirar.

6 Bajar muy lentamente las piernas para volver a la PP e inspirar.

Repetir el ejercicio 8 veces; a continuación abrazar las rodillas y relajarse durante 8 tiempos.

Ejercicio núm. 3

Inspirar.

Tiempos:

1 Levantar muy lentamente la pierna derecha, con el pie en forma de martillo, y el brazo izquierdo. Aproximar la mano izquierda a la punta del pie derecho. Apnea.

2 Muy lentamente volver a la PP y espirar.

3...4 Inspirar y realizar el ejercicio al otro lado.

Repetir el ejercicio 8 veces; a continuación abrazar las rodillas y relajarse durante 8 tiempos.

121

Ejercicio núm. 4

Inspirar.

Tiempos:

1 Impulsar los brazos hacia arriba y hacia delante, levantar la cabeza y los hombros, aproximar la rodilla derecha al pecho con el pie en extensión. Llevar ambos brazos lateralmente a la pierna derecha doblada. Espirar.

2 Lentamente volver a la PP. Inspirar.

3 Realizar el ejercicio al otro lado. Inspirar.

4 Volver a la PP. Inspirar.

Repetir el ejercicio 8 veces; a continuación abrazar las rodillas y relajarse durante 8 tiempos.

SÁBADO   DIETA

DESAYUNO	Café o té	a voluntad
	Azúcar	5 g

ALMUERZO	Pollo a la plancha	a voluntad
	Tomates o lechuga	a voluntad
	Aceite de maíz	5 g
	Pan tostado	15 g
	Agua mineral sin gas, sal, vinagre, limón	l.s.

CENA	Trucha hervida	a voluntad
	Ensalada	a voluntad
	Crackers	15 g
	Aceite de maíz	5 g
	Agua mineral sin gas, sal, vinagre, limón	l.s.

SÁBADO   EJERCICIOS

La posición de partida se refiere a los 4 ejercicios siguientes.

PP Supina, brazos a lo largo de los costados, piernas juntas y estiradas.

Ejercicio núm. 1

Inspirar.

Tiempos:

1...7 Levantar las piernas del suelo y, alternando la derecha y la izquierda, flexionarlas y estirarlas (pedalear) 7 veces. Pies en extensión. Espirar.

8 Volver a la PP. No apoyar las piernas en el suelo. Inspirar.

9...15 Realizar el mismo ejercicio con los pies de martillo.

16 Volver a la PP. Inspirar.

Repetir el ejercicio 8 veces; a continuación abrazar las rodillas y relajarse durante 8 tiempos.

Ejercicio núm. 2

Inspirar.

Tiempos:

1...5 Doblar la pierna derecha, levantar cabeza, hombros y busto y aproximar la rodilla derecha a la barbilla. Detenerse en esta postura durante 5 tiempos. Espirar.

6 Volver a la PP. Inspirar.

7...11 Aproximar la rodilla izquierda a la barbilla. Espirar.

12 Volver a la PP. Inspirar.

Repetir el ejercicio 8 veces; a continuación abrazar las rodillas y relajarse durante 8 tiempos.

Ejercicio núm. 3

Inspirar.

Tiempos:

1 Levantar el busto, los brazos y las piernas estiradas. Coger con las manos los tobillos. Espirar.

2...7 Doblar y estirar 6 veces las piernas, manteniendo las manos en los to-

billos. Inspirar teniendo las piernas estiradas y espirar con las piernas flexionadas.

8 Bajar muy lentamente piernas y brazos hasta llegar a la PP e inspirar.

Repetir el ejercicio 8 veces; a continuación abrazar las rodillas y relajarse durante 8 tiempos.

Ejercicio núm. 4

Inspirar.

Tiempos:

1 Levantar las piernas bien estiradas unos centímetros del suelo. Doblarlas y recogerlas hacia la derecha, rozando el suelo. Espirar.

2 Estirar las piernas para volver a la PP. No apoyarlas en el suelo. Inspirar.

3 Recoger las piernas a la izquierda, rozando el suelo. Espirar.

4 Volver a la PP. Inspirar.

Repetir el ejercicio 8 veces; a continuación abrazar las rodillas y relajarse durante 8 tiempos.

DOMINGO   DIETA

DESAYUNO	Zumo de pomelo	200 cc
	Café o té	a voluntad
	Azúcar	3 g

ALMUERZO	Espaguetis	100 g
	Tomates	10 g
	Queso parmesano	5 g
	Ensalada mixta	a voluntad
	Aceite de maíz	5 g
	Agua mineral sin gas, sal, vinagre, limón	l.s.

CENA	Merluza o lenguado hervidos o al horno con perejil y ajo	180 g
	Ensalada mixta	a voluntad
	Aceite de maíz	5 g
	Crackers	15 g
	Papaya	1/2
	Agua mineral sin gas, sal, vinagre, limón	l.s.

APÉNDICE

Ejercicios miorrelajantes

Por qué son importantes

Los ejercicios de relajación muscular son una parte fundamental de cualquier actividad motora; sirven para restablecer la homeostasis (equilibrio fisiológico: respiración, latidos cardíacos, cansancio...) y deberían realizarse no sólo al final de la serie diaria de movimientos específicos para el abdomen, sino cada vez que advirtamos cansancio y tensión.

Su acción es tan importante porque obtiene un doble efecto: relaja los músculos y, al mismo tiempo, la mente. La relajación síquica es indispensable para obtener una completa relajación muscular, dado que precisamente de la mente llegan los impulsos de tensión a los músculos.

Cómo se realizan

Un ejercicio miorrelajante debe seguir siempre a la serie diaria de ejercicios realizados pero, para facilitar el trabajo, dichos ejercicios se han dividido según el nivel de pertenencia.

Para obtener óptimos resultados, es muy útil realizar los ejercicios miorrelajantes escuchando música, aunque esta debe ser lenta y relajante.

Una vez alcanzados los objetivos propuestos, es decir, cuando ya haya realizado los ejercicios del tercer nivel, podrá escoger, de entre los tres ejercicios miorrelajantes aquí propuestos el que considere más eficaz para usted.

PRIMER NIVEL

EJERCICIOS

PP Sentada, piernas cruzadas, cabeza y busto relajados, manos cruzadas sobre la cabeza.

Tiempos:

1 Muy lentamente, levantar la cabeza y el busto; estirar los brazos hacia arriba y hacia atrás, girando la palma de las manos hacia arriba. Inspirar profundamente.

2 Volver lenta y relajadamente a la PP, espirando a fondo.

Repetir el ejercicio 10 veces.

Puede realizar este ejercicio sin dificultad alguna incluso durante la jornada, sentada en una silla, y es muy eficaz para relajar todos los músculos.

SEGUNDO NIVEL   EJERCICIOS

PP Supina, brazos hacia atrás, relajados y apoyados en el suelo, piernas juntas y dobladas, pies en el suelo, abdomen relajado. Cerrar los ojos.

Inspirar.

Tiempos:

1 Dejar caer las piernas, juntas y dobladas, hacia la derecha. Espirar.

2 Volver a la PP.

3 Dejar caer las piernas hacia la izquierda. Espirar.

4 Volver a la PP. Inspirar.

Repetir el ejercicio 10 veces.

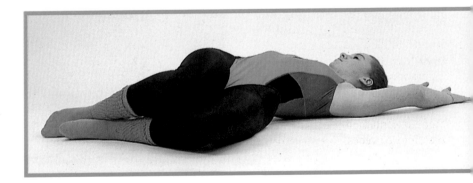

TERCER NIVEL   EJERCICIOS

PP Sentada, en actitud relajada, piernas cruzadas, cabeza y hombros bajos, manos apoyadas detrás.

Tiempos:

1 Levantar despacio busto y hombros, llevar hacia delante el pecho y hacia atrás la cabeza. Inspirar a fondo.

2 Relajar los músculos del cuello, la cabeza y el abdomen y, espirando, volver a la PP.

Repetir lentamente el ejercicio 20 veces.

Los ejercicios postparto

Introducción

La gimnasia postparto sirve para devolver el tono a los músculos del abdomen, tensos durante el embarazo, relajados y atónicos después del parto.

Es muy importante comenzar precozmente a realizar una serie de ejercicios destinados al refuerzo de la musculatura afectada, y sobre todo no recurrir a remedios que resuelvan el problema sólo desde el punto de vista estético. En efecto, las fajas son un sostén pasivo y empeoran la situación, obligando, a veces, a un uso permanente.

Con el embarazo se crea una actitud hiperlordótica (para mantener en equilibrio el cuerpo, más pesado anteriormente a causa del vientre, se retrocede con los hombros y el busto), con el consiguiente alargamiento de los músculos abdominales y acortamiento de los dorsales.

Por tanto, es necesario ejercitarse a volver a alinear la pelvis y la columna y reactivar los músculos del abdomen.

Los ejercicios seleccionados con este fin son muy sencillos pero eficaces; terminada esta serie, que se realizará lo antes posible después del parto, bastará continuar el trabajo pasando a los ejercicios del segundo nivel, y a continuación, de nuevo, a los del primero, que podrá considerar nivel de mantenimiento.

En caso de que no quede satisfecha con los resultados obtenidos comience a utilizar los tres niveles como se especifica en el prólogo; sin embargo, sólo podrá hacerlo después de completar el programa específico.

EJERCICIOS

La posición de partida se refiere a todos los ejercicios que siguen.

PP Tiéndase supina, apoye la cabeza en una almohada baja, con los brazos hacia fuera, apoyados en el suelo, piernas juntas y dobladas, con los pies también apoyados en el suelo.

Ejercicio núm. 1

Inspirar y contraer los músculos del abdomen, conteniendo la respiración, hasta pegar la columna vertebral al suelo.

Mantener la postura durante 10 segundos, espirar y recuperar el aliento.

Repetir el ejercicio 8 veces; abrazar las rodillas y relajarse durante 8 tiempos.

Ejercicio núm. 2

Inspirar y levantar la cabeza y los hombros del suelo. Las manos permanecen en el suelo. Mantener la postura durante 10 segundos, espirando.

Repetir el ejercicio 8 veces; a continuación abrazar las rodillas y relajarse durante 8 tiempos.

Ejercicio núm. 3

Inspirar y levantar la cabeza y los hombros del suelo, llevar los brazos a la rodilla izquierda. Mantener la postura durante 10 segundos, espirando. Volver a la posición de partida, inspirar y a continuación llevar los brazos a la rodilla izquierda. Mantener la postura durante 10 segundos espirando.

Repetir el ejercicio 8 veces; a continuación abrazar las rodillas y relajarse durante 8 tiempos.

Esta serie de tres ejercicios, si se efectúa justo después del parto, debe repetirse durante 15 días, y luego se podrá pasar a los ejercicios de segundo nivel.

Glosario

Brazos en candelero: los brazos, a la altura de los hombros, forman un ángulo de 90° con los antebrazos altos.

Busto flexionado: lo más próximo posible a las piernas.

cc: centímetros cúbicos.

g: gramos.

Flexionar: movimiento elástico de una parte del cuerpo; flexionar los brazos significa llevarlos hacia atrás, forzando las articulaciones de los hombros.

l.s.: lo suficiente.

Movimiento de tijera: ejercicio consistente en mover las piernas o los brazos estirados como una tijera. Puede efectuarse desde arriba hacia abajo (y viceversa) o bien cruzando las extremidades por encima y por debajo.

Pie de martillo: pie doblado formando un ángulo de 90° con la pierna, con la punta hacia arriba.

Pie en extensión: empeine en línea recta con la pierna.

PP (posición de partida): posición fundamental que hay que adoptar antes de iniciar el ejercicio.

Prono: tendido, con el abdomen en el suelo (boca abajo).

Repeticiones: se refieren al ejercicio en su globalidad.

Rotar: hacer girar, dar vueltas. En el texto este término hace referencia a distintas partes del cuerpo: cabeza, busto, manos, brazos.

Supino: tendido con la espalda en el suelo (boca arriba).

Tiempos: corresponden a los movimientos que deben realizarse durante el ejercicio. En ocasiones, un mismo tiempo puede comprender dos movimientos, que deben efectuarse rápidamente, para mantener el ritmo del ejercicio.

ÍNDICE

Impreso en España por
BIGSA
Av. Sant Julià, 104-112
08400 Granollers